Minha escolha profissional

o que Deus tem a ver com isso?

Jeverton (Magrão) Ledo
e Maria Fernanda Ledo

Minha escolha profissional

o que Deus tem a ver com isso?

Ilustrações
Fábio Sgroi

Vida

Agradecimentos

Ao Senhor Jesus Cristo, o nosso reconhecimento e gratidão. Ele é autor e consumador de nossa fé. Em todos esses anos de caminhada, o Senhor tem derramado sobre nós bênçãos sem medida, superando todas as nossas expectativas.

Agradecemos aos adolescentes brasileiros de diferentes partes do país que nos inspiraram a desenvolver o conteúdo deste livro.

Somos gratos a nosso irmão Vogner, que contribuiu de forma muito especial do início à conclusão deste projeto. Estendemos nossa gratidão aos irmãos Eldo Alves, Fabiano Léo e Nélia Tânia de Morais e ao pastor Carlos David de Souza, que gentilmente permitiram aqui o registro de seus testemunhos de vida.

Ao casal Rosana e Sérgio, da Bíblia World Net, nosso agradecimento. Ambos cuidam da manutenção de nossa página na Internet. Por isso podemos abençoar jovens e adolescentes nessa fase tão importante de sua vida: o momento da escolha profissional.

Ao amado amigo e irmão pastor Sérgio Luís S. Busatto, da Igreja Cristo Salva. Sua colaboração foi importante em um dos capítulos desta obra.

Por fim, somos gratos a todos aqueles que nos deram incentivo e oraram por nós durante toda a nossa caminhada.

sumário

Prefácio

Neste momento estou terminando pela sexta vez a leitura desta obra. Os autores de *Minha escolha profissional* – o que Deus tem a ver com isso?, Jeverton (Magrão) e Maria Fernanda (Nanda), trazem à tona um tema contagiante que vai ao encontro de uma grande necessidade entre adolescentes, jovens e seus líderes na igreja atual.

O livro que prefacio, com imensa honra, representa, por um lado, o fruto de um abençoado e proveitoso ministério que o casal de autores desenvolveu em nossa igreja em Macaé (RJ) e, por outro, o resultado de um estudo aprimorado e pesquisas na busca de idéias e princípios norteadores para uma necessidade às vezes desprezada. Assim, nasce uma obra que não poderíamos guardar para nós mesmos.

O propósito deste livro não é servir de manual, tampouco de guia devocional. Os autores já expressaram bem isso ao afirmar: "O que nós buscamos com este trabalho é proporcionar aos adolescentes momentos de reflexão, de troca, de desabafo e de crescimento tanto emocional quanto espiritual, levando-os a estar sempre com os olhos firmados em Cristo, e não nos valores que o mundo quer nos impor".

Você tem em mãos um livro capaz de contribuir de maneira eficaz para o seu preparo, crescimento e edificação neste momento tão decisivo de sua vida. Aproveite!

Esdras da Silva Moraes, reverendo da Igreja Presbiteriana do Brasil, em Macaé (RJ).

Introdução

> Eu o instruirei e o ensinarei no caminho que você deve seguir; eu o aconselharei e cuidarei de você (Sl 32.8).

A Internet, a televisão a cabo e a telefonia celular, além de vários equipamentos modernos, comprovam a facilidade de acesso à informação como a principal característica da geração atual. A juventude de hoje é chamada algumas vezes de "geração conhecimento". Porém, você já notou que toda essa informação não traz respostas para um montão de dúvidas?

Na juventude, os anos são de descobertas. Marcam um período de crescimento interior e de superação de obstáculos, refletindo ao mesmo tempo vários conflitos.

Todo ano assistimos à angústia de milhares de jovens perante o vestibular. Com a ficha de inscrição na mão, muitos deles demonstram estar totalmente perdidos, enquanto outros desejam tantas coisas que não conseguem escolher. Há estatísticas que apontam a desistência de um em cada cinco alunos logo no primeiro ano de faculdade. Você sabia disso?

Com o objetivo de ajudá-lo nesse momento de decisão, buscamos em Deus uma palavra que lhe sirva de orientação. O que a Bíblia tem a dizer sobre a escolha da profissão? Você sabia que Deus está muito interessado nessa área de sua vida?

Nossa caminhada começa com a descoberta de como as mudanças ocorridas no mundo podem afetar seu dia-a-dia, sua vontade e seu comportamento. Depois tratamos da diferença entre a visão de Deus e a visão da sociedade. E desde já o convidamos a prosseguir na visão de Deus, mesmo que para isso você tenha de remar contra a maré; afinal, ele superará as suas expectativas.

Fique ainda mais ligado no capítulo três. Será um momento para deixar que Deus trabalhe em você. Aprenda a buscar a vontade dele. Embarque nas histórias, na Palavra e anime-se. Há mais adiante.

No capítulo 4 nossa viagem vai chegando ao fim, trazendo um novo começo para você. É tempo de olhar para dentro de si, de conhecer os sentimentos e as motivações que impulsionam sua vida. É tempo de assumir a responsabilidade por sua história e pelo futuro que você está construindo.

Não tenha pressa em terminar a leitura deste livro. O importante, ao chegar ao final, é ter refletido sobre os assuntos propostos e ter adquirido nova percepção para continuar a superar os desafios. Tenha certeza de que Deus, aquele que começou essa boa obra, é fiel para completá-la.

1. Um mundo em transformação

Não se amoldem ao padrão deste mundo, mas transformem-se pela renovação da sua mente, para que sejam capazes de experimentar e comprovar a boa, agradável e perfeita vontade de Deus (Rm 12.2).

Realmente, o mundo não é mais o mesmo. Tantas são as transformações pelas quais temos passado: o avanço das ciências biológicas, o desenvolvimento tecnológico, as mudanças na economia e na cultura. Hoje talvez você não consiga se imaginar sem o telefone celular, mas até bem pouco tempo ele não existia. Atualmente, as crianças já aprendem a usar o computador antes mesmo de dominar a leitura e a escrita. A maioria delas até ensina os pais quando o assunto é celular, Internet e coisas do tipo.

Agora, preste atenção: queremos que você enxergue os efeitos dessas mudanças na vida das pessoas. Já percebeu o quanto somos influenciados a todo instante pelas mensagens que recebemos do mundo à nossa volta? Já notou o quanto elas influenciam nosso modo de pensar e nosso relacionamento com as pessoas?

> Aconteceu recentemente, numa tarde de domingo, num restaurante que começava a esvaziar. Os pais da menina perguntaram o que ela queria ganhar de aniversário. "Vocês já sabem", respondeu ela. "A operação que me prometeram no ano passado, quando fiz catorze." Em troca, para ver se a convenciam, ofereceram um mês numa praia do Caribe, um vestido de festa Calvin Klein, lentes de contato... "Quero a operação", insistiu a menina. "Detesto meu bumbum." [1]

Ao lado das grandes transformações vão ocorrendo também pequenas mudanças em nosso dia-a-dia, sem que ao menos nos apercebamos delas. O exemplo acima é claro: até as escolhas de nossos presentes são influenciadas por um mundo em transformação. Em outra época, o presente de quinze anos dificilmente seria uma operação plástica.

Falemos um pouco de desejo. Você já deve ter visto a cena em que o pai proíbe a filha de ir a uma festa, e a filha quase enlouquece diante da impossibilidade de convencer o pai: "Mas pai, todas as minhas amigas vão estar lá, só você não me deixa sair de casa".

Você já reparou como muitas vezes o que desejamos é exatamente o que muitas outras pessoas estão desejando também? Algo se torna importante, de prestígio, quando é objeto de desejo de muita gente. Um exemplo bem claro disso é o que está na moda. Em determinado momento, todo mundo quer usar calça jeans rasgada. Algum tempo depois, já não é mais a calça rasgada, mas a saia na altura do joelho.

Isso ocorre porque nosso desejo não é algo formado em uma caixinha dentro de cada um de nós. Ele passa por influências externas, pelo coletivo. Logo, precisamos entender um pouco mais o meio em que vivemos, a cultura e a época, para compreender como são produzidos nossos desejos.

Globalização ou neoliberalismo

Com a queda do Muro de Berlim em 1989 e o fim do socialismo da antiga União Soviética, extinta em 1990, o capitalismo ganhou novo fôlego e nova expansão no mundo. O termo "globalização" surge então como palavra mágica, capaz de gerar mundialmente forte encantamento.

Ouvimos falar que precisamos estar "globalizados" e acompanhar a nova ordem mundial. Dessa nova ordem mundial fazem parte a abertura do mercado para circulação de mercadorias, os avanços tecnológicos, novos conceitos como os de capital cultural e capital social, planetarização do sistema financeiro e criação do dinheiro virtual.

Essa nova ordem, entretanto, não produz somente efeitos na economia e na política dos países, ela nos atinge dia a dia de diversas maneiras. Veja alguns exemplos.

Os efeitos na família

Paulo é o pseudônimo de um advogado bem-sucedido, que representa várias empresas. Ele é pai de Julia (15) e de Tiago (10). Como a agenda dele é apertada por causa dos compromissos, quando chega em casa, seus filhos já estão dormindo. Julia faz balé; Tiago, natação.

O pai sente-se angustiado, pois nunca consegue assistir a uma apresentação da filha ou a uma competição do caçula. Sabe que está perdendo a oportunidade de acompanhar uma fase importante da vida dos filhos. Tenta compensar essa falta investindo em boa educação, sempre pagando as melhores escolas e cursos extras.

O sinal de que ele precisava mudar seu estilo de vida veio no final do ano passado, quando sofreu um enfarte e teve de ser hospitalizado. Desde então, Paulo reconsiderou todo seu comportamento em relação ao trabalho. Parar tudo e atender o telefone sempre que algum familiar liga é apenas um dos novos hábitos que adquiriu. Hoje, o advogado sabe que não corre mais o risco de sair para trabalhar e, na volta, encontrar sua filha já casada.

> Tida por muito tempo como refúgio contra a dureza do mundo e espelho da moralidade, a típica família de elite brasileira vem sendo reduzida ao conjunto de indivíduos que possuem a chave da mesma casa, como disse um humorista.[2]

Você já reparou como as pessoas estão cada vez mais envolvidas no trabalho e, conseqüentemente, com menos tempo para a família, os amigos, o laser etc?

Com a velocidade imposta pelo mundo globalizado, nosso ritmo também foi alterado. Anos atrás, toda a família se reunia na hora do almoço e do jantar para conversar, para saber do dia de cada um. Hoje, a mãe faz faculdade, o pai está no trabalho, o filho vai direto da escola para o curso de inglês. Às vezes, o encontro da família só se dá no momento em que é preciso resolver algum problema.

Outro efeito na família diz respeito ao consumo. O avanço da globalização provoca o surgimento de novas necessidades em razão da diversificação da oferta de produtos na mídia. De certa maneira, isso faz com que os pais decidam trabalhar ainda mais.

> Segundo a revista *Money*, hoje também temos um novo fenômeno: a família de quatro rendas. "Praticamente todo americano sabe que a família de um só provedor não existe mais. Hoje, porém, uma fatia crescente da classe média vem

percebendo que o casal de duas carreiras dos anos 70 e 80 está dando lugar à família de quatro rendas dos anos 90."[3]

Os efeitos no trabalho

Ao longo da história, a fábrica foi sendo substituída pela empresa. A fábrica constituía os indivíduos em um só corpo, mas a empresa introduzia o tempo todo uma rivalidade, motivando os indivíduos com premiações e instituindo a competição entre eles. Assim como a empresa substitui a fábrica, a formação permanente tende a substituir a escola, e o controle contínuo substitui o exame.[4]

O trabalho tornou-se, de certa forma, mais árduo. Fala-se que, hoje em dia, ninguém tem emprego garantido. Todos vivem com receio de não servir mais para essa sociedade "tão avançada", o que explica a busca incessante pela qualificação. De acordo com esse modelo, nenhuma pessoa pode parar de buscar, de aprender, de competir.

> A empresa de pesquisas Harris Poll informa que o americano passava em média 41 horas por semana no trabalho em 1973. Em 1997, a média havia subido dez horas, alcançando 51 horas por semana. Isso representa uma perda de dez horas de tempo livre.[5]

Se acompanharmos a história da sociedade e do comportamento humano, ao longo das décadas, veremos o quanto aumentou a preocupação com o eu, bem como a ênfase do individualismo. Até mesmo as construções passaram a privilegiar o isolamento social, entre outras coisas.

Algumas décadas atrás, ninguém podia imaginar que compras de supermercado pudessem ser feitas sem sair de casa.

Tampouco arriscaria dizer sobre a mão de obra terceirizada, ou que adolescentes pudessem pedir aos pais um implante de silicone no aniversário de quinze anos.

Nos últimos tempos, instaurou-se na sociedade a idéia de que tudo que é necessário ou desejado pode ser obtido pelo poder do dinheiro. O mercado está aí para suprir tudo: desde fórmulas para manter a juventude até paliativos para a carência e a solidão humana.

Vivemos em um período cujo processo de globalização arrasta as economias para a produção de coisas passageiras, descartáveis, que mudam muito rapidamente. O mercado está orientado para seduzir os consumidores oferecendo-lhes um montão de novidades. A cada inovação, a cada novo serviço ou produto, as pessoas se sentem motivadas a quer sempre mais e mais.

E a escolha profissional?

Agora, você deve estar se perguntando o que tudo isso tem a ver com o momento da escolha profissional. Em 1998, uma reportagem da revista Época apresentava um aspecto conflitante da relação entre a educação e o mercado de trabalho:

> Eles fazem boas faculdades, falam várias línguas e dominam o computador. Mas não conseguem vencer um grande obstáculo: o desemprego juvenil.[6]

A formatura não é garantia de emprego certo na área pretendida. É comum encontrar o exemplo de pessoas que, depois de concluir a faculdade, o curso de idioma e o de informática, acabam partindo para um campo de trabalho diferente da formação na qual investiram tempo e recursos; e isso quando conseguem um emprego.

O que desejamos aqui é situá-lo no momento histórico em que vivemos, para que você possa entender como nossa mente e nossos anseios são influenciados pelo progresso e acontecimentos históricos. Também queremos situá-lo no momento atual para que você saiba, por exemplo, por que determinadas profissões estão em alta no mercado, e outras em baixa e por que mudanças na economia, nas relações sociais e na tecnologia geram novos problemas para a sociedade.

Um bom exemplo da influência das transformações globais na escolha profissional é a ameaça da falta de água potável em nosso planeta. Nos próximos anos (e isso já começa a ocorrer), as profissões ligadas à ecologia estarão em alta, justamente pela necessidade de buscar soluções para o problema dos recursos hídricos. Do mesmo modo, verificamos um conjunto de necessidades ligadas ao tema da violência urbana e da segurança pública, entre outros.

Nosso propósito também é alertá-lo. Desejamos que seus sonhos e projetos não sejam sufocados pelo sistema imediatista e agressivo de nossos dias, ainda que, para a atualidade, a profissão ideal é aquela que dá ibope, prestígio. E para isso se produz a imagem do profissional perfeito, que fala diversos idiomas, que ostenta vários diplomas, que tem uma infinidade de especializações.

O que esperar de um profissional moderno?

Muitos especialistas em recursos humanos e marketing garantem que estudar sempre, reciclar e aprimorar são atitudes fundamentais para quem deseja integrar um novo mercado de trabalho em que não há espaço para a acomodação.

Independentemente da área em que vá atuar, o profissional deve ter um perfil adequado aos requisitos das empresas. Espera-se dele as seguintes características:

- conhecimentos de informática e domínio de um segundo idioma
- constante preocupação em aprender cada vez mais, procurando a especialização no que faz
- competência para identificar e resolver problemas
- habilidade de comunicação
- visão crítica e ampla das atividades que desempenha
- lógica de raciocínio
- habilidade para trabalhar em grupo

O discurso sobre o aprimoramento constante do conhecimento tornou-se muito comum hoje. É freqüente em livros, textos de jornais e revistas e até em anúncios publicitários de cursos de idiomas e faculdades.

Nesse novo cenário, profissionais das mais diferentes carreiras encaram o mesmo dilema: melhorar cada vez mais sua qualificação. Um dos exemplos de ferramenta para promover a qualificação são os cursos de MBA – Master in Business Administration. Eles incluem o estudo de marketing, finanças, ética e responsabilidade pessoal, além de aulas de teatro e oratória.

> Sula Vasconcelos, da consultoria Companhia de Talentos, coordenou uma pesquisa sobre as expectativas de emprego com 583 estudantes de algumas das melhores faculdades de São Paulo. Setenta e três por cento deles consideram garra, iniciativa e ambição atributos fundamentais na briga por uma vaga e tentam sintonizar-se com as exigências do mercado.[7]

O processo de globalização não só contribui para a crescente integração das economias e das sociedades, em relação aos mercados financeiros, à produção de bens e serviços e à difusão de informações, mas também influencia a mentalidade:

> Desde 1969, o dr. Alexander Astin vem traçando um retrato dos calouros nas faculdades e universidades. No início dos anos 70, cerca de 70% dos jovens iam para a faculdade com a idéia de desenvolver uma sólida filosofia de vida. Hoje, 75% dos calouros vão para a faculdade com o objetivo de alcançar uma boa posição financeira, e a proporção de estudantes que vão para a faculdade com o intuito de desenvolver uma sólida filosofia de vida caiu para 40%.[8]

As variações no mercado profissional são tão constantes que parece impossível acompanhar seu ritmo. Como o mercado gera e dita novas necessidades a todo instante, acabamos sempre com aquele sentimento de incompletude. De que ainda não é suficiente. Essa pressão nos atinge desde muito cedo, às vezes produzindo em nós desequilíbrio, angústia e estresse.

Sucesso profissional

A visão de Deus de uma vida bem-sucedida difere muito da visão do mundo. Nem sempre os caminhos do Senhor apresentam as paisagens esperadas, porém, depois de algum tempo de contemplação, você perceberá que está no mais belo lugar em que poderia chegar. Quando estamos no centro da vontade de Deus, temos a certeza de que o melhor vai acontecer, mesmo que as circunstâncias digam o contrário.

Enquanto a maioria das pessoas deposita sua segurança no dinheiro, no poder e na fama, para nós, cristãos, a segurança consiste em saber que não estamos sós, nem entregues à própria sorte. Temos os braços fortes do Senhor para nos conduzir, abrindo as portas à nossa frente.

> Eu irei adiante de você e aplainarei montes; derrubarei portas de bronze e romperei trancas de ferro. Darei a você os tesouros das trevas, riquezas armazenadas em locais secretos, para que você saiba que eu sou o SENHOR, o Deus de Israel, que o convoca pelo nome (Is 45.2,3).

Enquanto há os que pagam caro, na expectativa de se tornarem cada vez mais competitivos e adaptados ao mundo, nós devemos buscar em primeiro lugar a sabedoria de Deus.

A verdadeira sabedoria consiste em olhar para a vida na perspectiva de Deus, e não depositar nossa confiança nos princípios e valores deste mundo. É verdade que às vezes surgem situações estranhas, difíceis, que não gostaríamos de experimentar, mas não podemos nos esquecer de que tais circunstâncias nos são permitidas para que nossa confiança em Deus seja exercitada também.

É compreensível que nos sintamos ameaçados por esse sistema corrompido, afinal, vivemos em um mundo tomado de aflições. Mas você se lembra das palavras de Jesus: "Tenham bom ânimo"? Diante de uma situação delicada, difícil, que foge ao nosso controle, temos duas opções: podemos desistir e perder o jogo antes mesmo do apito final ou, em vez disso, olhar para nosso técnico, receber as instruções e ganhar a partida. Isso se aplica à escolha da profissão também. Acredite!

Muitos são os textos bíblicos que falam das promessas de Deus para nós. Muitas são as músicas que cantamos em nossos cultos que falam da confiança em Deus. Mas, infelizmente, nem sempre associamos as verdade bíblicas às situações de nosso dia-a-dia.

Cantamos mensagens que dizem:

Os que confiam no Senhor são como os montes de Sião /
que não se abalam, mas permanecem para sempre. /
Como em volta de Jerusalém estão os montes, /
assim o Senhor em volta do seu povo...
(Canção *Autoridade e poder*, de Marcos Góes)

> Eu preciso aprender um pouco aqui, /
> eu preciso aprender um pouco ali, /
> eu preciso aprender mais de Deus, /
> pois é ele quem cuida de mim. /
> Se uma porta se fecha aqui, outra porta se abre ali. /
> Eu preciso aprender mais de Deus, /
> pois é ele quem cuida de mim. /
> Deus cuida de mim, nas sombras de suas asas, /
> Deus cuida de mim. Eu amo a sua casa e não ando
> sozinho. / Não estou sozinho, pois sei, Deus cuida de mim...
> (Canção *Deus cuida de mim*, de Kleber Lucas)

Não é por mero acaso que hoje você está lendo este livro. Deus deseja que você descubra o valioso propósito que ele tem para sua vida. No capítulo 2, você ganhará forças para ir contra a correnteza, se necessário for. Vamos em frente!

Testemunho

No final dos anos 80, tive de fazer minha escolha profissional. A adolescência chegava ao fim, a fase adulta estava próxima, e eu queria que minha profissão fosse de acordo com a vontade do Senhor, pois desejava usar meus talentos e dons a serviço do Reino. Assim, orei a Deus e esperei nele.

Conversei com o pastor, com minha mãe e minha namorada (hoje minha esposa). Tive do Senhor a orientação de fazer a faculdade de pedagogia, além de um curso técnico em programação de sistemas. Confesso que não entendia aquela direção. Muitos que perguntavam: "Mas o que um curso tem a ver com o outro?". Sinceramente, na época, eu também não sabia. Mas segui em frente e, com as bênçãos do Senhor, eu me saí bem em ambas as áreas.

No fim da década de 1990, as duas atividades se juntaram. Além da Internet já estar bem difundida, começava a ficar mais disseminado um segmento chamado "informática educativa", que usa a informática para potencializar métodos pedagógicos e o ensino à distância.

Em meu serviço pastoral, hoje trabalho meus talentos, dons e conhecimentos profissionais em várias áreas ministeriais. Desde a capacitação e o treinamento até o gerenciamento de projetos e pessoal. Desenvolvo essas atividades em minha congregação, a Igreja do Exército do Deus Vivo, no Grupo Kohen e também no Impact World Tour, JOCUM, que emprega em suas cruzadas mundiais grupos artísticos de vários países.

Carlos David de Souza (37), pastor da Igreja do Exército do Deus Vivo, casado com Aurycélia, pai de Levi (11) e Rebeca (10).

2. Remando contra a maré

Essa é a maior guerra jamais travada sobre a terra. Sua natureza permite supor, inclusive, que ela não se restringe a este plano terreno, mas tem sua origem nas regiões celestiais.[9]

Hoje existem muitas forças que atuam para deter nossa atenção em um combate cujo objetivo é influenciar o máximo possível nossa mente. Precisamos estar atentos.

A sociedade dispõe de vários recursos para difundir seu discurso, seus valores e tudo aquilo que considera verdadeiro. Por exemplo, o incentivo ao consumo desenfreado, o corpo escultural como padrão de beleza, a banalização do casamento.

É possível reconhecer tal realidade nas mensagens disseminadas nas telenovelas, na publicidade, na música etc. É fácil constatar como essas mensagens influenciam o comportamento humano. Basta observarmos algumas conversas no dia-a-dia com amigos, familiares, em passeios pelo *shopping* etc.

Estamos cientes de que a influência que a sociedade tenta impor encontra resistência em muitos grupos que têm um sistema de verdades próprio. Os cristãos são, ou deveriam ser, um bom exemplo de força contrária ao discurso vigente.

À medida que a sociedade se moderniza, a igreja exige de si mesma um esforço ainda maior para prosseguir como comunidade, permanecendo fiel às suas convicções. As pessoas convivem em comunidade quando vínculos são estabelecidos entre elas. Elas permanecem ligadas umas às outras quando compartilham um passado comum, sendo resultado dessa história, e quando sua maneira de viver e de pensar é fruto de valores comuns.

É preciso desenvolver uma visão mais abrangente dos fatos. É preciso enxergar as formas sutis de influência atuantes em nossa sociedade. Afinal, os valores modernos vão exercendo influência sobre nós de forma natural e atraente.

Então, perguntamos: "Que atitude a igreja deveria tomar? Sair da cidade? Isolar-se do mundo?". Algumas pessoas têm feito isso. A Bíblia, no entanto, oferece uma alternativa bem mais eficaz: influenciar o mundo com nossa forma de pensar e de agir!

Vivemos no mundo mas não pertencemos a ele. Devemos estar atentos para não cometer o erro de nos acostumar com seu sistema, com seu modo de funcionar. É preciso desenvolver senso crítico cristão, ou a mente de Cristo em nós, como diz a Bíblia.

Mas como conseguir isso? Ora, Deus não nos deu espírito de covardia, mas sim de ousadia e poder. A primeira força a nosso favor é o Espírito Santo. Sem ele nosso esforço é inútil.

O poder de influência do mundo é impressionante. A globalização é uma prova disso. Contudo, conforme assegura T. Sine, autor de *O lado oculto da globalização*, nós também apostamos nossa vida no princípio de que viver de acordo com a direção de Deus, ainda que remando contra a maré, é a garantia de sermos bem-sucedidos.

Outra força a nosso favor é a nossa própria vontade. Deus pode fazer maravilhas por nosso intermédio quando estamos dispostos a seguir a vontade dele. Ler a história de Daniel e seus amigos, nos primeiros capítulos do livro de Daniel, fará com que você se anime e amplie a sua visão.

Quando o rei Nabucodonosor conquistou Israel, pediu a um de seus chefes que separasse alguns jovens da alta sociedade hebraica, cultos, inteligentes, que dominassem os vários campos do conhecimento e com habilidades para morar no palácio do rei. O propósito era instruí-los na cultura do povo caldeu. O rei queria moldar a vida daqueles jovens segundo os costumes de seu reino, até que eles se esquecessem de suas origens.

No grupo desses rapazes estava Daniel, que teve seu nome mudado para Beltessazar. Como um verdadeiro estrangeiro, Daniel resolveu não se contaminar com a cultura da realeza. Quando lhe serviram a comida real, com sabedoria ele pediu que lhe alimentassem apenas com legumes e água.

No mundo de hoje, perde-se facilmente a direção, o alvo, o propósito da vida. E isso é um desastre. O jovem Daniel é um excelente exemplo de gente que conseguiu ser fiel a Deus, ainda que em um mundo novo, com apelos intensos à mudança de direção. Se você acompanhar toda a história, verá o quanto Deus exaltou Daniel perante aquele povo.

De fato, um livro como este é para pessoas que já fizeram a primeira escolha, a principal: entregar a vida a Cristo, converter-se, enfim, mudar de direção. Deus tem promessas para essas pessoas. Vemos na Bíblia que, desde a Antigüidade, o Senhor vem superando as melhores expectativas de seu povo. Imagine as melhores coisas para o seu futuro. Como você gostaria que ele fosse? Saiba que Deus é o maior interessado nele.

Em Romanos 12.2, recebemos ordem clara de Deus: "Não se amoldem ao padrão deste mundo", ou seja, não se submetam ao sistema dominante. A ordem não pára por aí. Devemos nos transformar, ter nossa mente renovada, diferenciada do padrão do mundo. Essa talvez seja a parte mais difícil no nosso viver, pois é construída dia a dia, muitas vezes sem que percebamos.

Há quem diga que a escolha profissional, por exemplo, nada tem a ver com nossa vivência cristã. Como se tal decisão devesse ser pautada apenas nas tendências do mercado de trabalho, ou nos ganhos financeiros, ou na influência de familiares, no caso de pessoas da família que já abraçam determinada profissão.

Lamentavelmente, o que é pior, essa mentalidade tem produzido adolescentes cada vez mais indecisos e inseguros diante do momento da escolha.

A maior perda que a sociedade vem enfrentando está relacionada à percepção. Trocamos as definições do que é importante e do que tem valor. A sociedade moderna levou muitos de nós a decidir sobre o que é importante e o que tem valor baseados muitas vezes em aspectos econômicos. Como cristãos, não devemos fundamentar nossa vida em valores outros que não a Palavra.

Vencendo a arrebentação

Todo surfista sabe que para pegar boas ondas é preciso vencer a arrebentação. Em algumas circunstâncias, a arrebentação pode dificultar muito um dia de surfe. Podemos dizer que a adolescência é a fase da vida em que enfrentamos as primeiras ondas.

Durante a infância, aprendemos o que os adultos nos ensinam. Acreditamos em tudo que nos dizem. Achamos que eles sabem tudo e que são perfeitos. É nesse período que todos dizem o que podemos e não podemos fazer e como devemos nos comportar.

Chega então a adolescência. Essa fase ainda não é propriamente a vida adulta, mas também não é mais a infância. É uma fase nova. Uma espécie de terreno ainda não explorado. Podemos escolher algumas coisas por conta própria e, além disso, questionamos aqueles que nos ensinam. Não acreditamos mais em tudo o que dizem.

Como geralmente o novo nos causa insegurança não podia ser diferente com a adolescência. Nossa cultura não estimula muito o pensamento crítico. O próprio sistema de ensino baseia-se na repetição. Na adolescência, somem as respostas prontas. Agora lhe dizem que a decisão é sua. Como se não bastasse a insegurança natural dessa fase de descobertas, também temos que decidir sobre com o que ocupar nossos dias pelo resto da vida.

Por isso chamamos a adolescência de arrebentação. São muitas as ondas a serem vencidas, vindo uma atrás da outra. Para superar bem essa etapa, você precisa estar em dia com a auto-estima. Também chamado de amor próprio, a auto-estima refere-se à capacidade de acreditar em nossas habilidades e potencialidades, ou seja, reconhecer a si mesmo como alguém de valor. Se a pessoa tem uma auto-estima saudável, ela também dispõe de recursos internos para vencer dificuldades.

Dos julgamentos que enfrentamos na vida, nenhum é mais importante do que o juízo que fazemos de nós mesmos. Diversos conflitos psicológicos estão associados à baixa auto-estima e eles podem se apresentar das seguintes maneiras: sentimento de se achar desinteressante e culpado por qualquer problema, sensação de não ser uma pessoa bem-vinda e agradável, ansiedade demasiada, medo, depressão.

Lembre-se, entretanto, de que esta é apenas uma fase. O surfista não pára diante à arrebentação. Ele continua sobre a prancha, pois sabe que lá na frente boas ondas o esperam. Da mesma forma, nossa motivação deve estar no alvo a ser alcançado.

> "Mas, sejam fortes e não desanimem, pois o trabalho de vocês será recompensado" (2Cr 15.7).

Não se esqueça de que a igreja também pode ser uma grande aliada nesse momento de decisão. A comunhão com os irmãos, as experiências compartilhadas, o discipulado, os ensinamentos recebidos, tudo isso servirá de fonte orientadora para você nesta fase.

A proximação da Bíblia, que é a Palavra de Deus, além de inúmeros benefícios, também servirá de base para que você desenvolva um senso crítico equilibrado e saudável. Isso fará de você um influenciador e não mais um influenciado pelos valores e verdades que a sociedade tenta nos impor.

Então, não fique parado esperando receber tudo prontinho. Você pode levar sugestões aos líderes de sua igreja. Procure orientação, ajuda, fale com seu pastor. Quem sabe um seminário, ou um acampamento, ou até mesmo palestras que tratem do tema da escolha profissional possam ajudá-lo.

Testemunho

Tenho total liberdade para escolher o que quero e não quero da vida e isso inclui a escolha da profissão. Posso me perguntar: "Em que campo, em meio a tantas opções que tenho, quero atuar?". Eu escolho a área que desejo e conseqüentemente transformo minha escolha em êxito ou fracasso, dependendo do esforço e do amor com que me dedicar a ela e, logicamente, da graça divina. O Pai celeste é quem distribui gratuitamente suas bênçãos sobre nós.

Se desejo ser bem-sucedido nesta vida, devo estar "ligado" ao dono de todo o verdadeiro sucesso. Devo andar na sua luz, pelos campos verdejantes por ele criados e em águas tranqüilas. Devo ter prazer na Lei do Senhor acima de qualquer lei científica. Devo renovar minha mente constantemente e ajustála à mente de Cristo. Devo experimentar o melhor desta vida depois de ouvir o que Deus tem a dizer sobre ela.

O sucesso para os que se relacionam com Deus não está em adquirir tudo o que se sonha e se deseja. A vivência com o Pai deve despertar a concepção do eterno também. O aqui e agora não é tudo. Na verdade, o melhor está por vir. Precisamos caminhar um pouco mais para conquistar a maior herança que o ser humano pode almejar: o céu!

Enquanto escrevia estas linhas, perguntava a mim mesmo: "Em que tenho sido bem-sucedido?", "O que fiz ou tenho feito para desenvolver o 'mandato' eterno que recebi?", "Como tenho caminhado até aqui?". É importante refletir sobre nossas ações, sobre a influência que temos exercido, para descobrir onde, de fato, temos colocado o coração.

Não se esqueça de que o Senhor eterno é quem dirige nossa vida. Ele está disposto a nos orientar na escolha da profissão, da família (nosso conjûge), dos amigos, do trabalho, fazendo de nós pessoas bem-sucedidas em todas as áreas.

O que Deus tem a ver com sua escolha profissional? Tudo! O êxito profissional, social, intelectual, material, emocional, espiritual está diretamente ligado ao Criador do universo. Deus nos doou parte de seu sucesso, de sua riqueza, de sua sabedoria, para que experimentemos nesta vida um pouquinho da glória que nos será revelada quando estivermos face a face com ele.

Sucesso é viver nessa esperança!

Eldo Alves (39), advogado, casado com Ana Cristina (32), pai de Guilherme (4), funcionário da Petrobrás/ Macaé e presbítero da Igreja Presbiteriana de Macaé (RJ).

3. Buscando a vontade de Deus

> *Ao homem pertencem os planos do coração, mas do SENHOR vem a resposta da língua (Pv 16.1).*

Lembro-me de quando fui surfar pela primeira vez. Era uma praia praticamente deserta. Perguntei para alguns moradores do vilarejo qual caminho deveria seguir, então peguei a prancha e fui com um amigo pelo rumo indicado. Tudo estava indo muito bem até nos depararmos com uma bifurcação. Olhamos um para o outro em busca de respostas, analisamos aquilo que para nós era o mais óbvio, então pegamos a trilha em direção à praia. Caminhamos por mais algum tempo, depois a trilha tornou-se mais estreita e, por fim, acabou bem embaixo de uma jaqueira. Diante do acontecido, ou melhor, de todas aquelas jacas, voltamos e pegamos a outra trilha em direção ao morro. Caminho que finalmente nos levou até a praia.

Em Provérbios, há uma passagem de que gosto muito que diz: *"Há caminho que parece certo ao homem, mas no final conduz à morte"* (v. 14.12). A história da praia repete-se muitas vezes quando passamos por conflitos de valores. Não sabemos que direção tomar e somos tentados a obedecer ao que diz nosso coração. No entanto, como a Bíblia nos ensina, o coração é enganoso e por isso corremos o risco de cometer graves erros se concordarmos com ele.

Ninguém gosta de se sentir perdido, tampouco de chegar a um lugar e depois descobrir que não era bem ali onde queria estar. Para que não aconteça isso, precisamos de orientação, de uma orientação segura.

Estamos o tempo todo fazendo escolhas mesmo que geralmente não percebamos. Quando abrimos a geladeira e pegamos a jarra de suco, e não a água ou o refrigerante, fizemos uma escolha. Assim é o dia inteiro. Decidimos estudar primeiro e ver TV depois (às vezes o inverso), obedecer ou não a nossos pais etc.

Escolhas existem porque somos livres e temos a capacidade de pensar no que queremos. O mesmo ocorre nas profissões:

> As abelhas sempre construirão as colméias, as formigas, os formigueiros, as aranhas, as teias, e o homem não: o Alexandre será analista de sistemas, a Vilma psicóloga, o Gustavo empresário etc.[10]

É disso que estamos tratando neste capítulo: uma maneira de chegar sem susto a um lugar seguro.

O que diferencia o homem dos outros animais é a capacidade de pensar e decidir a própria vida. Não nascemos com uma determinação biológica para cumprir uma atividade profissional específica. Somos livres e temos uma infinidade de opções diante de nós. Contudo, em razão das circunstâncias ou oportunidades que surgem em nossa vida, certamente alguns dispõem de mais possibilidades de escolha do que outros.

Apesar disso, o que desejamos salientar é que você pode traçar os próprios caminhos, vivendo como se Deus não tivesse nada a dizer a respeito deles. Ou pode convidá-lo a participar de tudo o que está relacionado a você, inclusive suas escolhas. Deus tem um plano especial para cada pessoa. E, por causa do seu amor e cuidado, ele quer nos revelar esse plano.

> Eu os fiz e eu os levarei; eu os sustentarei e eu os salvarei (Is 46.4b).

> Eu te ensino o que é útil e te guio no caminho em que deves andar (Sl).

Você não está aqui por acidente nem é fruto do acaso. Pode até não ter sido planejado por seus pais, mas estava nos planos de Deus. Existe um propósito para a sua existência e o mesmo Deus que começou essa boa obra é fiel para completá-la.

Aprendendo a buscar

Agora que você sabe que Deus tem um plano para sua vida, vejamos como pode conhecê-lo. Acomode-se e concentre-se. Este tópico é fundamental para ajudá-lo em sua caminhada.

A direção de Deus para nossa vida nem sempre se apresenta de maneira clara. Bem que gostaríamos que fosse assim. Primeiramente você precisa conhecer a vontade geral de Deus expressa na Bíblia, nosso manual. Depois, para saber o que Deus quer especificamente para sua vida, você precisa desejar isso. Precisa estar disposto a ouvi-lo e pronto a lhe obedecer.

É preciso estar atento ao Espírito de Deus e sintonizado nele para ler nas entrelinhas do cotidiano as suas instruções. Não desanime nem fique inseguro por não saber do dia de amanhã e do seu futuro. Lembre-se de que Deus nos conduz passo a passo.

Leia o que Tiago escreveu a respeito de projetos que fazemos para nossa vida:

> Ouçam agora, vocês que dizem: "Hoje ou amanhã iremos para esta ou aquela cidade, passaremos um ano ali, faremos negócios e ganharemos dinheiro". Vocês nem sabem o que lhes acontecerá amanhã! Que é a sua vida? Vocês são como a neblina que aparece por um pouco de tempo e depois se dissipa. Ao invés disso, deveriam dizer: "Se o Senhor quiser, viveremos e faremos isto ou aquilo" (Tg 4.13-15).

Um terceiro aspecto que precisa ser considerado refere-se ao exercício do pensar, do ouvir e do falar. Você deve conversar, ouvir opiniões, buscar orientações e expor tudo a Deus em oração. O Senhor também nos guia por intermédio de nossa mente. É por isso que somos capazes de pesar os prós e contras de todas as nossas ações. Manter a intimidade com Deus é essencial. Quanto mais íntimos estivermos dele, mais facilmente reconheceremos a sua voz.

Deus tem dois tipos de vontade: a vontade soberana, pela qual ele determina que algo vai acontecer, geralmente, quando intervém na história para cumprir seu plano eterno, e a vontade permissiva, quando ele permite que algo ocorra por causa da decisão humana.

Mas atenção: o fato de confiarmos em Deus, sabendo que ele supera nossas expectativas, não quer dizer que ele realizará todos os nossos desejos e nem que tudo será da forma que planejamos.

Devemos pedir em nossas orações que Deus nos conduza a cumprir aquilo que ele está abençoando, e não que abençoe o que estamos fazendo. Quando a atitude é correta, nossas orações estão de acordo com a vontade dele, recebemos mais do que imaginamos.

Se você tem dúvidas quanto à vontade de Deus para sua vida, considere estes dois princípios. Primeiro, Deus jamais lhe mostrará algo que seja contrário à vontade geral dele, revelada em sua Palavra. Segundo, se você aprender a dizer de coração: "Seja feita a sua vontade, Senhor", o Espírito Santo vai inundá-lo com uma paz inexplicável, se você estiver em conformidade com a vontade dele, ou vai incomodá-lo, caso esteja no caminho errado.

Temos uma visão muito limitada de nossa caminhada, mas o Senhor vê lá na frente de maneira perfeita. Podemos ir sozinhos no escuro ou com a mais potente de todas as lanternas. Você é quem faz a escolha!

Cuidado: há armadilhas e exageros

A Palavra nos aconselha a sermos cuidadosos em tudo que fizermos. Por exemplo:

> Tenham cuidado com a maneira como vocês vivem; que não seja como insensatos, mas como sábios, aproveitando ao máximo cada oportunidade, porque os dias são maus. Portanto, não sejam insensatos, mas procurem compreender qual é a vontade do Senhor (Ef 5.15-17).

Como os dias são maus, precisamos estar atentos. Não basta saber que Deus pode nos guiar e nos proteger, ele quer que experimentemos isso. Assim, enquanto você lê este livro, peça a Deus que confirme esse aprendizado através de experiências. Comece agora mesmo a abrir espaço para Deus, deixe que ele lhe mostre a direção e o plano que tem para sua vida.

Algumas vezes podemos sentir dificuldades para decidir buscar orientação de Deus porque caímos em equívocos. Veja algums deles:

- Falta de visão, de disposição para pensar além das circunstâncias. Temos a tendência de enxergar apenas o que está diante dos olhos.
- Impaciência. Estamos acostumados com esse mundo imediatista e não com a provisão de Deus.
- Teimosia. Nem sempre optamos por aquilo que Deus quer e por sua orientação.

É necessário sintonizar nossa vontade com a vontade de Deus. E também não nos esquecer de que se a busca pela vontade de Deus for feita de forma equivocada, poderá produzir em nós um comportamento desastroso.

Certamente, você já é consciente de todas as suas obrigações e direitos. Ao acordar de manhã, você não precisa esperar por uma resposta de Deus dizendo se deve ir ou não à escola ou ao trabalho, nem ficar na expectativa de que Deus lhe envie um anjo para soprar em seus ouvidos qual a roupa que deve usar. Deus nos dotou de razão, inteligência e bom senso.

Provações

Para nós, esse assunto também é de grande importância. Não é certo pensar que estamos livres de problemas somente porque seguimos a orientação de Deus. Nós podemos, sim, encontrar dificuldades mesmo tendo certeza de que estamos no caminho indicado por Deus. O desemprego, por exemplo, é uma dificuldade pela qual qualquer um pode passar. Nós, pessoas comprometidas com Deus, não estamos livres de situações difíceis. A diferença está no fato de saber que Deus estará ao nosso lado nesses momentos também, transformando-os em bênçãos para nossa vida.

Vamos pensar no vestibular. Você está estudando bastante para entrar em determinada faculdade. Tira boas notas, é sua área preferida, mas na hora da prova a coisa muda e, quando sai a lista de classificação, você ficou abaixo da nota de corte. Quase dá para ouvir a porta batendo. Parece não haver explicação, e você fica desiludido.

Sem dúvida, um plano frustrado ou interrompido é uma das piores experiências. Nesse momento precisamos de sabedoria pois nossa tendência é negar a situação indesejada, usar de força quando encontramos uma porta fechada e tentar abri-la a todo custo.

Então, vamos esclarecer algo: se foi Deus que lhe fechou a porta, tenha certeza, você será levado a outra ainda melhor. Mas se a porta fechada esconde do outro lado a bênção que Deus quer lhe entregar, você precisará de fé e perseverança para contemplar a vitória.

O pastor Josué Rodrigues compôs uma canção chamada *Portas* cuja letra exprime exatamente isso. Reflita no conteúdo desses versos:

> Portas que se fecham /
> São iguais às que se abrem, /
> Se abertas ou fechadas por Deus. /

Não quero, não espero /
O que dele não procede /
Bem sei que o que prefiro /
Nem sempre é o melhor pra mim. /

Há outras fontes, /
Que não vêm do Pai das luzes, /
As soluções que surgem /
Não me consolarão /
Que outras mãos dispensarão /
De graça, amor e paz. /
Prossigo em meu caminho /
Confiando em suas palavras. /
Os que nele confiam /
Jamais se cansarão, /
Jamais se frustrarão. /

Aprendendo com o exemplo de Is-Bosete

Filho do rei Saul e irmão mais novo de Jônatas, Is-Bosete não é um personagem bíblico muito conhecido. Sua história, porém, é repleta de acontecimentos marcantes, capazes de nos ensinar importantes lições.[11]

Como Jônatas era o escolhido para substituir o pai no reinado, é provável que Is-Bosete nunca tenha tido a pretensão de ser rei. Contudo, em um único dia, Saul, Jônatas e outros dois irmãos foram mortos em batalha. O fato de Is-Bosete não ter presenciado a batalha nos leva a pensar que sua personalidade não combinava muito com a luta nem com a liderança.

Assim como o pai, Saul, Is-Bosete era hesitante e ineficaz. Embora fosse o filho sobrevivente do rei, ele devia sua nova posição a Abner, comandante do exército de Saul, o qual na verdade foi quem o levou ao trono.

Is-Bosete também temia o poder de Abner. Seu reinado durou apenas dois anos. Depois da morte de Abner, o rei Is-Bosete deve ter percebido a fraqueza de sua posição. Ele foi assassinado por dois de seus oficiais.

Diante da oportunidade de ocupar o trono de seu pai, Is-Bosete não pensou duas vezes. Abner ofereceu-lhe o trono, mas o jovem poderia ter rejeitado o reinado. Ele não considerou suas limitações nem seu estilo, acabando por confundir um cargo com a responsabilidade de suprir aquela necessidade.

O mesmo tipo de situação ocorre conosco, às vezes. Nós nos deixamos atrair pelas oportunidades sem analisar se estamos preparados para tais circunstâncias. Até mesmo por falta de autoconhecimento, ou porque não pedimos a direção de Deus, acabamos metendo os pés pelas mãos.

Não entre em nenhuma porta aberta sem ter a certeza de que foi Deus quem a abriu. Por mais atraente que seja a oportunidade, sabedoria e oração sempre são bem-vindas.

O tempo de Deus

Do mesmo modo que o êxito profissional, do ponto de vista de Deus, difere da visão que o mundo tem, o tempo de nossa vida também é diferente na perspectiva divina. Para o mundo, tempo é dinheiro, daí o medo de fazer escolhas erradas.

Para a sociedade, o fato de uma pessoa seguir por um caminho e depois descobrir que não é realizado nele, tendo de recomeçar em outra direção, significa perder tempo. Para Deus, entretanto, não importa até onde você chegou. Ele pode redirecionar, refazer. Ele pode tornar novas todas as coisas e lhe proporcionar satisfação e alegria de verdade.

> Para tudo há uma ocasião certa; há um tempo certo para cada propósito debaixo do céu (Ec 3.1).

Para muitos, ficar o ano inteiro estudando e no final não passar no vestibular é uma tragédia. Mas nós pensamos de maneira diferente. Desde que você tenha feito sua parte e entregue o controle de tudo a Deus, sabemos que ele talvez esteja provando sua fé, testando sua paciência ou simplesmente mostrando que ainda não é a hora para você.

Ainda não é a hora... Hum, isso nos leva aos sonhos de José e à sua história registrada em Gênesis (v. cap. 37).

José tinha 17 anos de idade quando Deus começou a falar com ele por meio de sonhos. Na verdade, esses sonhos eram visões de seu próprio futuro. E que visões! Deus reservara um futuro maravilhoso para o jovem José.

Acompanhando a história de José, entretanto, sabemos que, por muito tempo, tudo parecia dar errado em sua vida. E aquele futuro brilhante visto nos sonhos parecia mais uma mera fantasia juvenil.

Talvez você já saiba qual é o seu chamado. É possível que Deus já o tenha lhe mostrado. Mas, a exemplo de José, você não consiga vê-lo concretizado. Não se preocupe. O tempo de Deus é diferente do nosso tempo.

Às vezes Deus nos mostra algo sobre nossa vida que demora para acontecer. É aí que devemos pôr em ação a paciência, fruto da obra do Espírito Santo em nós. Até que Deus realize aquilo que lhe mostrou, o lugar onde você trabalha ou o colégio em que estuda podem ser territórios do plano atual de Deus. Não desperdice oportunidades!

É preciso exercitar nossa confiança em Deus, se quisermos ser diferentes dos que vivem ao nosso redor. Se a fé é a certeza de coisas que não são vistas, mesmo que aparentemente tudo esteja dando errado, também é a certeza do que Deus prometeu que nos faz esperar com tranqüilidade.

Observe com cuidado o que nos diz a Bíblia:

> Não se preocupem com sua própria vida [...]. Observem as aves do céu: não semeiam nem colhem nem armazenam em celeiros; contudo, o Pai celestial as alimenta. Não têm vocês muito mais valor do que elas? (Mt 6.25,26).

Se você faz o tipo ansioso e até foi premiado com uma gastrite, está na hora de relaxar. Deus está vendo tudo o que você está passando. Ele também está muito interessado com o que você vai ser no futuro. Portanto, esteja certo de que ele há de conduzir todas as circunstâncias para o seu bem.

Aprendendo com a Palavra

São muitos os textos bíblicos que mostram como Deus quer dirigir a nossa vida e nos revelar a sua vontade.

Analisemos as quatro passagens a seguir:

> Quer você se volte para a direita quer para a esquerda, uma voz atrás de você lhe dirá: "Este é o caminho; siga-o" (Is 30.21).

Todos os dias somos bombardeados por inúmeras ofertas e propostas. Quantas vezes você recebeu ofertas tentadoras por parte de alguns que se dizem seus amigos? Geralmente elas são apresentadas de forma inocente e aparentemente benéfica. Nesse momento, precisamos de discernimento para dizer "não" àquilo que pretende nos desviar do caminho reto e do plano desenhado por Deus para nós.

Outros motivos que também podem levar a um perigoso desvio estão associados à falta de conhecimento e à precipitação. Mas, segundo esse versículo, o importante é que, ainda que você se desvie, Deus não o abandona. Ele vai soprar o alerta em seu ouvido. Assim, o problema não está tanto na ação de desviar-se, mas em não reconhecer a voz de Deus ou, reconhecendo-a, não lhe obedecer.

Em toda a nossa caminhada, o mais importante é estar em sintonia com o Pai. Somente desse modo poderemos escutar a voz de Deus a nos dizer: "Filho, este é o caminho; siga-o".

> Eu irei adiante de você e aplainarei montes; derrubarei portas de bronze e romperei trancas de ferro. Darei a você os tesouros das trevas, riquezas armazenadas em locais secretos, para que você saiba que eu sou o SENHOR, o Deus de Israel, que o convoca pelo nome (Is 45.2,3).

Apreciamos esse versículo porque nele Deus fala de muitas promessas. Ele demonstra que conhece nosso passado confuso. Sabe o quanto já podemos ter andado por caminhos tortuosos. Mas para Deus isso não conta muito. O que realmente importa para ele é a vida a partir de nossa conversão. Os olhos de Deus estão voltados para o futuro. O Senhor está mirando aquilo que ele vai realizar em nós.

Precisamos deixar Deus ir à nossa frente abrindo caminho, endireitando e quebrando os obstáculos que nos atrapalham. Encontramos promessas de Deus específicas para nós em sua Palavra, todavia, ele quer que descansemos confiantes em sua bondade, a fim de suprir-nos as necessidades.

Quantas e quantas vezes nos esquecemos de que ele é o Senhor, nosso Deus, que nos conhece antes mesmo que existíssemos. Deus nos chama pelo nome. Nossa história está nas mãos dele.

> Quem é o homem que teme o SENHOR? Ele o instruirá no caminho que deve seguir. Viverá em prosperidade, e os seus descendentes herdarão a terra (Sl 25.12,13).

Sempre que ouvimos alguém dizer a palavra temor, logo sentimos aquele frio na barriga. Surge na mente a lembrança de erros que cometemos e, muitas vezes, desejamos escondê-los por receio da repreensão de nossos pais ou de qualquer outro tipo de autoridade.

Temer o Senhor significa respeitar a sua Palavra e a sua vontade. Quantos jovens e adolescentes por não terem intimidade com Deus caminham perdidos, por anos, achando que estão no rumo certo?

Nosso Deus conhece melhor do que ninguém a tensão e a pressão que todos sofremos na hora de uma decisão. E justamente por saber disso, ele quer nos indicar o caminho certo.

Para aqueles que respeitam o Senhor, conforme esclarece o versículo, será desnecessária a corrida atrás da sonhada prosperidade. O texto assegura que a vida próspera será alcançada e com ela a promessa de que nossos descendentes herdarão a terra. Você consegue crer que Deus deseja conduzi-lo a uma vida bem-sucedida?

> Eu o instruirei e o ensinarei no caminho que você deve seguir; eu o aconselharei e cuidarei de você (Sl. 32.8).

Você deve conhecer o ditado bastante popular que diz: "Se conselho fosse bom, não se dava, vendia-se". Quantos conselhos escutamos durante a vida? São conselhos de nossos pais, amigos, colegas. Os conselhos são avisos bem-intencionados que visam a educar e edificar. Contudo, podem se tornar algo superficial e distante porque nem sempre quem os profere sabe realmente o que se passa dentro de nós.

Escutar os conselhos do Senhor é algo incomparável. Eles estão muito além dos conselhos das pessoas que fazem parte direta ou indiretamente de nosso dia-a-dia. Nosso Deus quer nos sinalizar o caminho que devemos percorrer. Muitos são os que sofrem por se recusarem a escutar a voz de Deus, apesar de fazerem questão de mostrar uma total comunhão com Deus.

O jovem Davi, autor desse salmo, ensina-nos que os olhos do nosso Deus estarão nos acompanhando. E nos diz também que sua doce voz entrará em nossos ouvidos em forma de conselho, se estivermos totalmente sintonizados com o Mestre.

Estou certo de que não existe posição melhor para estar do que debaixo das vistas do Senhor. Por onde você tem andado?

Testemunho

Meu nome é Fabiano Leonardo. Tenho 21 anos. Sou aluno do curso de publicidade. Mas meu testemunho começa quando eu estava desempregado, no meio do ano passado. Com a ajuda de meus pais, entrei em um cursinho a fim de me preparar para o vestibular da UFMG e concorrer a uma vaga no curso de história. Eu havia concluído o ensino médio há dois anos e me achava despreparado.

Logo depois que entrei no cursinho, consegui um emprego de office-boy. Freqüentei o cursinho até janeiro de 2002. Não consegui passar no exame da UFMG. Fiquei preocupado e pedi ao Senhor uma direção para o que deveria fazer durante aquele ano. Surgiu o vestibular da Faculdade Estácio de Sá, que seria realizado em Belo Horizonte, onde moro. Eu me inscrevi para o curso de comunicação social, com habilitação em publicidade e propaganda, e em fevereiro de 2002 fiz a prova.

Apesar de ter estudado muito e ter lido todos os livros exigidos, achei a prova muito difícil. Disse para a minha mãe que não seria nada fácil conseguir aprovação, mas ela me encorajou e me pediu que confiasse no Senhor, pois ele tinha o melhor para a minha vida.

Soube do resultado pelo telefone. Estava na rua trabalhando, quando o celular tocou. Eram meus colegas de trabalho me dando a notícia: eu havia passado no vestibular e a tesoura já estava pronta, só me esperando.

Na mesma hora fui até a faculdade para saber qual a documentação necessária para efetuar a matrícula. Logo que cheguei, quis saber qual tinha sido a minha classificação na prova. Comecei ler a lista de baixo para cima, pois previa uma colocação entre os últimos. Fui subindo o dedo e não achava meu nome. Para minha surpresa, lá no topo da lista, no primeiro lugar, estava o meu nome.

Eu glorifico muito ao meu Senhor Jesus Cristo, por ele ter me concedido essa vitória tão importante. Deus sabe do meu futuro e está a todo tempo atuando em meu favor, mesmo quando meus sentimentos repentinos dizem que não.

Fabiano Leonardo (21), universitário, membro da Igreja Batista, em Belo Horizonte (MG).

4. É tempo de decisão.
Mãos à obra!

Nesse meio tempo fomos reconstruindo o muro, até que em toda a sua extensão chegamos à metade da sua altura, pois o povo estava totalmente dedicado ao trabalho (Ne 4.6).

Um velho carpinteiro estava para se aposentar. Ele contou a seu chefe sobre seus planos de largar o serviço de carpintaria e de construção de casas e viver uma vida mais calma com sua família. Claro que sentiria falta do pagamento mensal, mas se ajeitaria com a aposentadoria. O dono da empresa sentiu em saber que perderia um de seus melhores empregados e pediu a ele que construísse uma última casa como um favor especial. O carpinteiro consentiu, mas, com o tempo, era fácil ver que seus pensamentos e seu coração não estavam no trabalho que estava executando. Ele não se empenhou no serviço e se utilizou de mão-de-obra e matérias-primas de qualidade ruim. Foi uma maneira lamentável de encerrar sua carreira. Quando o carpinteiro terminou seu trabalho, o construtor veio inspecionar a casa e entregou a chave da porta ao carpinteiro, dizendo: "Esta é a sua casa". E completou: "Meu presente a você". Que choque! Que vergonha! Se ele soubesse que estava construindo sua própria casa, teria feito completamente diferente, não teria sido tão relaxado. Agora ele teria de morar numa casa feita de qualquer maneira.[12]

Muita gente leva um susto ao ouvir essa história. Na verdade, é como se a ficha finalmente caísse. Isso porque acontece algo muito parecido conosco também. Construímos nossa vida de maneira distraída, muitas vezes sem motivação, mais reagindo do que agindo. Fazemos o que tem de ser feito porque nos dizem para fazê-lo. Nos assuntos importantes, nós não empenhamos nosso melhor esforço. Até que um dia descobrimos que esse esforço não era para terceiros e sim para nós mesmos.

Reflita sobre isto: o contrário de uma atitude reativa, é uma atitude proativa. Ser proativo significa tomar a responsabilidade pela própria vida. Pense em você no papel do carpinteiro. Pense em sua casa. Cada dia você martela um prego novo, coloca uma armação ou levanta uma parede. Como você está indo?

Na Bíblia, há um ótimo exemplo de líder proativo. Sua maneira de enfrentar as provocações e obstáculos externos demonstra uma força interior encontrada apenas em pessoas cujas vidas têm um propósito. O nome dele? Neemias. Cargo? Copeiro do rei.

Neemias liderou um grupo de hebreus exilados da Pérsia, no retorno para Jerusalém, com o propósito de reconstruir os muros da cidade. Apesar de contar com a permissão do rei para ajudar seu povo, Neemias viu seus esforços para realizar o trabalho esbarrarem na oposição desde o começo. Seus inimigos eram Sambalate, Tobias e Gesém. Esses homens tentaram de tudo para atrasar e interromper a obra. Debocharam de Neemias e seus construtores. Acusaram os judeus de traição e até ameaçaram com violência física.

Neemias podia desistir, pois tinha todos os argumentos para isso. Ele podia se sentir desanimado, no entanto, pelo contrário, mostrava motivação. A palavra motivação implica motivo para uma ação. Neemias tinha um alvo designado por Deus, um objetivo a cumprir. Por isso, recebia cada ataque verbal com paciência, oração e mais: contagiava o povo com sua determinação.

> Apesar de todas as tentativas de desencorajar o povo, o muro foi reconstruído em apenas 52 dias! Pense nisto: motivo para uma ação. Isso faz toda a diferença.[13]

Quando entregamos nossa vida a Cristo, devemos entregá-la por completo. Nossas escolhas e decisões ficam então sob a orientação de Deus, para que ele cumpra seu divino propósito em nós. Devemos sempre perguntar: “Senhor, quais são os seus planos para mim?”. Isso deve se aplicar a todas as áreas de nossa vida.

Se você está vivendo um momento difícil, agora que precisa escolher uma carreira, ou tem dúvidas quanto a parar de estudar para começar a trabalhar, por exemplo, pense no que está dificultando sua decisão. Reflita sobre a situação e deixe o Senhor falar com você.

Falar de escolhas é falar de vida, futuro, coragem, motivação, crescimento. Você está amadurecendo, aprendendo a enfrentar novos desafios. Reserve um tempo para você mesmo, sonde suas intenções e coração. Descubra quais sentimentos estão mais fortes em você. Pergunte-se: será que este é o tempo de Deus para eu entrar em uma faculdade?

Minha escolha não está sendo influenciada pelo desejo de prosperidade financeira apenas? Não estou acomodado escolhendo esse curso porque é o único em minha cidade? De que eu realmente gosto? O que me realiza?

Faça uma auto-análise. Procure saber quais são suas expectativas em relação ao futuro, o que você espera da vida. As escolhas que já fez até aqui o trouxeram para onde você está hoje. Daqui em diante, elas podem levá-lo a diversos lugares. Trata-se de um enorme poder que Deus nos deu: a liberdade. Liberdade para escolher, para decidir sobre como usar esse dom maravilhoso dado a todos nós: a vida. Como você vai usar esse poder? Qual vai ser a sua escolha?

Não deixe o medo decidir

Tudo que você tem de fazer pela primeira vez é novidade, não é mesmo? É algo desconhecido, e isso pode despertar em você um dos piores sentimentos: o medo.

> O medo fecha as janelas da mente, distorce a realidade do mundo e transforma tudo o que é pequeno em algo monstruoso.[14]

Sentimos medo do que é novo quando não temos o domínio da situação. Sentimos segurança diante do que conhecemos e do que fazemos bem. Se estamos diante de um desafio, podemos nos sentir inseguros.

Esse sentimento de inquietação pode se manifestar de várias maneiras: medo de não conseguir, medo de sofrer, medo de decepcionar, medo de passar vergonha... É por isso que tantas vezes o medo consegue nos paralisar. O medo de arriscar pode nos levar a permanecer onde estamos.

Quando conseguimos enfrentar o medo, entretanto, experimentamos um sentimento de conquista muito bom. Ganhamos coragem para seguir em frente. Percebemos nossa vitória. Ultrapassamos mais um obstáculo. Quando avançamos em território desconhecido, crescemos.

Lembre-se: se você não fizer suas escolhas, alguém certamente as fará por você!

E quando pais e filhos têm planos diferentes?

As escolhas e decisões de um filho sempre acabam envolvendo os demais membros da família, afinal desde criança os pais criam expectativas a respeito dos filhos.

Às vezes, embasados no excesso de cuidado e proteção, os pais querem planejar tudo, para que nada saia de errado com seus filhos. O problema ocorre quando se deparam com a vontade própria dos filhos, que pode divergir da vontade deles, o que ocorre com muita freqüência na adolescência.

Se os pais forem cristãos e estiverem em comunhão com o Senhor, serão ótimos conselheiros. Mesmo sabendo que, como nós, nossos pais não são perfeitos. Ainda é possível que o pai ou a mãe tenha uma visão limitada ou deturpada sobre determinada situação, chegando a ficar ressentido com uma decisão do filho. Pode ser que haja ocasiões em que, ao seguir a vontade de Deus, você acabe contrariando sua família.

> Há cerca de 45 anos, meus pais não estavam convictos de que Cynthia era a melhor moça para mim. Eles eram sinceros... mas naquele assunto estavam errados. Se eu lhes tivesse dado ouvidos, não teria me casado com a mulher com quem eu deveria me casar. (Comemoramos

> há pouco tempo nosso 44º aniversário de casamento. Ele ainda está bem!)[15]

Você acredita que nada nem ninguém pode frustrar os planos e a vontade de Deus? Acima de toda autoridade humana, Deus está assentado em seu trono como Rei dos reis e Senhor dos senhores. Reflita sobre esta passagem de Provérbios: "O coração do rei é como um rio controlado pelo SENHOR; ele o dirige para onde quer" (v. 21.1).

O rei representa a pessoa que tem autoridade sobre nossa vida. Esse versículo mostra que, embora seus pais eventualmente digam "não" àquilo que você deseja ser, isso não frustrará os planos que Deus planejou para você.

Se você está à disposição de Deus para obedecer à vontade dele, não se preocupe com as aparentes contradições. Com base nesse versículo de Provérbios podemos ficar tranqüilos pois sabemos que Deus é maior que as circunstâncias. Ore e peça discernimento para saber se a resposta negativa de seus pais é uma direção de Deus ou um gigante a ser vencido.

Por que o dinheiro não pode ser a principal motivação?

A escolha de uma profissão tendo o dinheiro como a principal motivação pode ser desastrosa. Ser rico não é a coisa mais importante do mundo:

> Não esgote suas forças tentando ficar rico; tenha bom senso! As riquezas desaparecem assim que você as contempla; elas criam asas e voam como águias pelo céu (Pv 23.4,5).

Correr atrás de dinheiro é uma corrida sem chegada. Já reparou como nunca estamos satisfeitos com o que temos? Queremos sempre mais. Nenhum problema, dependendo que estamos querendo. Passar a vida investindo tempo e inteligência para ganhar dinheiro, por exemplo, poderá trazer riqueza, mas certamente também trará uma sensação ruim de insatisfação, de ainda não estar bom, de ainda não ser o suficiente.

Quando a idade avança, as pessoas começam a se perguntar: "Valeu a pena?", "A que preço eu consegui tudo que tenho hoje?", "De que me adiantou tanto dinheiro?". Lembre-se de que profissão é algo a ser exercido todos os dias. Já pensou em como seria acordar sem vontade de ir ao trabalho e arrastar-se durante todo o mês pensando somente no salário?

> Não acumulem para vocês tesouros na terra, onde a traça e a ferrugem destroem, e onde os ladrões arrombam e furtam. Mas acumulem para vocês tesouros nos céus, onde a traça e a ferrugem não destroem, e onde os ladrões não arrombam nem furtam. Pois onde estiver o seu tesouro, aí também estará o seu coração (Mt 6.19-21).

Muitas vezes, desejamos o carro novo, as roupas mais caras ou o celular mais moderno. Não há nada de errado em desfrutar essas coisas, desde que elas não sejam o centro de nossa vida. A vida é muito valiosa para estar fundamentada em valores tão passageiros. Busque os valores eternos, aqueles que não se desfazem com o tempo. Concentre-se em sua essência: no ser, e não no ter.

Quando o dinheiro é uma bênção

O dinheiro não pode estar em primeiro lugar em nossa vida, mas isso não quer dizer que ele seja ruim em si mesmo, ou algo de que devemos fugir. O dinheiro é uma bênção, e Deus quer nos abençoar financeiramente também. Porém, nossa preocupação é que a juventude cristã, influenciada pela sociedade materialista, esteja pensando mais à maneira do mundo do que à maneira de Deus.

Em nosso manual de instrução, a Bíblia, recebemos a orientação de buscar "em primeiro lugar o Reino de Deus e a sua justiça, e todas essas coisas lhes serão acrescentadas" (Mt 6.33).

Lembre-se do que aconteceu com o rei Salomão, que pedira sabedoria:

> O pedido que Salomão fez agradou ao Senhor. Por isso Deus lhe disse: "Já que você pediu isso e não uma vida longa nem riqueza, nem pediu a morte dos seus inimigos, mas discernimento para ministrar a justiça, farei o que você pediu. Eu lhe darei um coração sábio e capaz de discernir, de modo que nunca houve nem haverá ninguém como você. Também lhe darei o que você não pediu: riquezas e fama, de forma que não haverá rei igual a você durante toda a sua vida" (1Rs 3.10-13).

Nos relatos da história bíblica, o rei Salomão é mencionado como um dos homens mais ricos e poderosos. O sucesso, a riqueza e a glória, tudo que ele alcançou foi dado por Deus, justamente porque seu coração não estava buscando tais coisas. Lembre-se sempre disso: o fato de buscar em primeiro lugar o Reino de Deus e ser fiel a ele, conseqüentemente, trará muitas bênçãos para sua vida.

Por que não podemos escolher a carreira só com base nos guias de profissões?

Na verdade, é útil ter à mão um guia de profissões. Não se deve descartar uma profissão por falta de conhecimento ou porque se tem uma noção equivocada dela.

Os guias podem ser facilmente encontrados. Estão nas livrarias, nas bancas de jornais, nos cursinhos, na Internet. Mas atenção: eles apresentam uma idéia geral das profissões e suas informações se baseiam na realidade de grandes centros urbanos, o que pode não condizer com a realidade de onde você vive.

É preciso atenção e cuidado ao consultar dados como

salário, por exemplo. Em geral, os salários apresentados são ótimos, equivalentes aos valores pagos por grandes empresas a profissionais experientes. Portanto, não justifique sua escolha apenas com base nesse tipo de informação.

Por mais que os guias dêem exemplos e detalhes de cada profissão, você só saberá na prática como realmente elas se dão. Não é possível saborear um prato de comida apenas com informações a seu respeito. Da mesma maneira, você deve procurar profissionais para conhecer o dia-a-dia e o trabalho deles. Você também pode organizar um seminário em seu colégio ou igreja, reunindo palestrantes, profissionais das áreas etc.

A ajuda profissional específica é muito útil. Há escolas que oferecem serviço de psicologia. Um grupo de orientação profissional ou vocacional auxiliará você a esclarecer as dúvidas, a se conhecer melhor e a explorar de modo adequado o universo das profissões.

Que carreira combina mais comigo?

Na hora de decidir, o seu jeito de ser e a sua personalidade são aspectos a serem levados em conta. Mas isso não pode ser o fator determinante na questão.

Realmente não acreditamos que haja tipos de personalidade que correspondam a tipos de profissão. Nada na vida é estagnado. Temos interesses diversos, além de muitas potencialidades, algumas das quais ainda não exploradas. Por isso, não deixe de escolher uma profissão somente porque você acha que não reúne as características necessárias para exercê-la.

Lembre-se de que, antes de aceitar a missão para a qual Deus havia lhe designado, Moisés hesitou. Na época, ele era pastor de ovelhas e tinha 80 anos de idade quando Deus lhe falou da sarça em chamas.

Deus pôs nas mãos de Moisés a missão de libertar o povo hebreu do cativeiro egípcio. Mas ele logo pensou que havia algo errado. Não poderia ser ele o escolhido, pois não era bom com as palavras; talvez ele fosse gago. Deus, porém, fez uma manobra radical: transformou o assustado e inseguro Moisés em um verdadeiro líder e grande instrumento para libertar seu povo.

Deus também tem manobras radicais para realizar em sua vida. Basta parar de dar desculpas e confiar totalmente nele. Você tem muitas habilidades escondidas, adormecidas, além de dons que não conhece, pois jamais os exercitou. Por isso, nós o incentivamos a cumprir tarefas em áreas em que você não tem muita experiência.

Assim, a pergunta mais importante que você precisa fazer não é "Que carreira combina mais comigo?", mas sim, "De que forma posso contribuir?".

Testemunho

Sou mineira e cresci em uma cidade pequena. Influenciada pelos sonhos de minha mãe, pensava seriamente em fazer faculdade, ter uma profissão e ganhar dinheiro.

Para tornar tal influência em expectativa ainda maiores, fui para um colégio de freiras e passei nove anos lá. Voltava para a casa de meus pais somente nas férias de julho e nas de final de ano. Não tive muita oportunidade de sonhar com uma vida simples, como casar-me e permanecer em minha própria cidade.

Primeiro fiz a faculdade de direito, em seguida concluí o curso de administração de empresas e depois disso ainda fiz o de administração hoteleira, no Senac. Tornei-me uma ótima profissional e uma mulher independente. Morei no Rio de Janeiro durante cinco anos de minha fase adulta e depois me mudei para São Paulo, onde estou há mais de 25 anos.

Consegui realizar todos os meus sonhos e desejos, correndo sempre e cada vez querendo fazer mais e comprar mais. Tive muitos amigos e conheci muitos lugares, bares da moda, hotéis e motéis etc. Queria sempre mais de tudo: mais trabalho, mais responsabilidade, mais dinheiro. Era uma luta incessante para fugir de mim mesma. Eu não podia parar.

Aos 41 anos, quando conheci Jesus, eu estava em uma crise terrível: descasada, solitária, desempregada e com duas filhas para criar. Passei a trabalhar como advogada autônoma. De novo, comecei minha vida profissional, cliente por cliente, conta por conta, orando a Deus por tudo. Aprendi a entender que minha total dependência deveria estar nele. Crescia muito em fé e no conhecimento da fidelidade de Deus a cada dia.

Hoje, eu me questiono muito e sei que, caso voltasse atrás, não faria novamente as mesmas coisas. Procuro mudar minha vida transformando meu viver em dias mais simples, com menos trabalho, menos dinheiro, entretanto, mais tempo de qualidade e intimidade com Deus.

O que sinto atualmente é que a busca desenfreada da formação profissional me causou enorme frustração, na exata definição do dicionário: malogro, falta de êxito, desenvolvimento incompleto e privação da satisfação de um ideal. Hoje, como já conheço a Palavra, sei onde estava a falha: nem eu nem meus pais consultamos a Deus para saber o que ele tinha para minha vida.

Esse pode ser o nosso grande problema e também o de nossos pais e educadores. Isso ocorreu comigo e com muitos de minha e de outras gerações: erramos por não consultar a Deus. Mas, glória ao Senhor, pois com ele é possível recomeçar, renovar, realizar!

Uma coisa eu entendi bem em minha experiência de vida: "As palavras dos sábios são como aguilhões, a coleção dos seus ditos como pregos bem fixados, provenientes do único Pastor. Cuidado, meu filho; nada acrescente a eles. Não há limite para a produção de livros, e estudar demais deixa exausto o corpo" (Ec 12.11,12). Entendi que a busca pelo sucesso pode ser algo desastroso em nossa vida se não for uma busca equilibrada.

Nélia Tânia de Morais (55), advogada, casada com Marcos Vieira (50), mãe de Érika (24) e Bianca (21) e membro da Igreja Batista da Vila Pompéia, São Paulo (SP).

Conclusão

Esperamos que você tenha conseguido pensar em muita coisa ao ler este livro. Às vezes achamos que o mais fácil é não pensar nas nossas responsabilidades, nas decisões e escolhas que precisamos fazer na vida. Gostaríamos que as coisas fossem mais simples. Mas é verdade também que muitas vezes tornamos os problemas e as dificuldades maiores do que são.

Se você achava que sabia o que queria e agora descobriu que tem mais dúvidas que antes, não se assuste. Fazer escolhas é difícil mesmo, e viver dá trabalho. Duvide sempre de respostas rápidas para perguntas profundas. Sua vida é muito preciosa para vivê-la de qualquer jeito, de forma distraída, reagindo mais que agindo.

Você é único, e seu tempo é diferente do tempo dos outros. Portanto, nada de ficar se comparando a outras pessoas, ou pensar que todo mundo é feliz e somente você tem problemas. Deus está trabalhando em seu favor e nada foge ao controle dele. Quanto mais espaço você der a Deus, mais confiantemente você enfrentará os desafios.

Acredite: você ficará muito feliz com a concretização dos planos que o Pai desenhou para a sua vida. A vontade de Deus é boa, perfeita e agradável. Ele tem o melhor para você!

Releia este livro quantas vezes achar necessário. Aquilo que hoje não faz muito sentido amanhã pode ser a resposta que você procura. Encha-se de coragem, mande o medo embora e mãos à obra. É tempo de decisão!

Que Deus o abençoe!

Magrão e Nanda

Notas bibliográficas

Capítulo 1

1 Beatriz SARLO, *Cenas da vida pós-moderna*: intelectuais, arte e videocultura na Argentina.

2 J. F. COSTA, A ética democrática e seus inimigos: o lado privado da violência pública, em Elimar Pinheiro do NASCIMENTO, org., *Brasília*: capital do debate - o século XXI - Ética, p. 67-86.

3 Tom SINE, *O lado oculto da globalização*, p. 120.

4 Gilles DELEUZE, *Conversações*: post-scriptum sobre as sociedades de controle, p. 221.

5 Tom SINE, *O lado oculto da globalização*, p. 120.

6 Reportagem "À espera da primeira chance", revista Época, edição 11, 3/8/1998, por Andréa Barros e Beatriz Velloso.

7 Ibid.

8 Tom SINE, *O lado oculto da globalização*, p. 120.

Capítulo 2

9 Rubem Martins AMORESE, *Icabode*: da mente de Cristo à consciência moderna.

Capítulo 3

10 Ana Mercês Bahia BOCK, Odair FURTADO e Maria de Lourdes Trassi TEIXEIRA, *Psicologias*: uma introdução ao estudo de psicologia, p. 317.

11 Michael KENDRICK, *365 lições de vida extraídas de personagens da Bíblia*, p. 122.

Capítulo 4

12 Maria SALETTE e Wilma RUGGERI, *Para que minha vida se transforme*, p. 58.

13 Michael KENDRICK, *365 lições de vida extraídas de personagens da Bíblia*, p. 204 e 205.

14 Augusto Jorge CURY, *Treinando a emoção para ser feliz*, p. 83.

15 Charles SWINDOLL, *O mistério da vontade de Deus*, p. 80.

Bibliografia

AMORESE, Rubem Martins. *Icabode* – Da mente de Cristo à consciência moderna. Viçosa: Ultimato, 1998.

BAUMAN, Zygmunt. *Globalização* – As conseqüências humanas. Rio de Janeiro: Editora Jorge Zahar, 1999.

BOCK, Ana Mercês Bahia, FURTADO, Odair e TEIXEIRA, Maria de Lourdes Trassi. *Psicologias* – Uma introdução ao estudo de Psicologia. São Paulo: Editora Saraiva, 2003.

CHIAVENATO, Júlio José. *Ética globalizada e sociedade de consumo*. 2 ed., São Paulo: Moderna, Coleção Polêmica, 1998.

COSTA, Jurandir Freire. *A ética democrática e seus inimigos*: o lado privado da violência pública, em NASCIMENTO, Elimar Pinheiro do, org. *Brasília*: capital do debate - o século XXI - Ética. Rio de Janeiro/Brasília: Garamond/ Codeplan, 1997.

COVEY, Sean. *Os 7 hábitos dos adolescentes altamente eficazes*: o guia definitivo de sucesso para adolescentes. São Paulo: Best Seller, 1999.

CURY, Augusto Jorge. *Treinando a emoção para ser feliz*. São Paulo: Academia de Inteligência, 2001.

DELEUZE, Gilles. Conversações 1972-1990: post-scriptum sobre as sociedades de controle. Rio de Janeiro: Ed. 34, 1992.

DIAS, Maria Luiza. *Profissão*: no rumo da vida. São Paulo: Editora Ática, 2002.

KENDRICK, Michael. *365 lições de vida extraídas de personagens da Bíblia*. Rio de Janeiro: CPAD, 1999.

SARLO, Beatriz. *Cenas da vida pós-moderna*: intelectuais, arte e videocultura na Argentina. Rio de Janeiro: Ed. UFRJ, 2002.

SALETTE, Maria e RUGGERI, Wilma. *Para que minha vida se transforme*. Verus Editora, 2001.

SILVA, Adriano. *E agora o que é que eu faço?!* – Tudo que você precisa saber para construir a carreira dos seus sonhos. São Paulo: Alegro, 2002.

SINE, Tom. *O lado oculto da globalização*: como defender-se dos valores da nova ordem mundial. São Paulo: Mundo Cristão, 1999.

SWINDOLL, Charles. *O mistério da vontade de Deus*. São Paulo: Mundo Cristão, 2001.

TOURNIER, Paul. *Mitos e neuroses*. São Paulo: ABU Editora, 2002.

WHITAKER, Dulce. *Escolha da carreira e globalização*. São Paulo: Moderna, 1997.

Sobre os autores

Eu, Jeverton, mais conhecido como Magrão, aos dezoito anos, gostava mesmo era de surfar. Eu me amarrava também nos filmes americanos com cenas de tribunal. Ficava impressionado com o poder de persuasão dos advogados. Um pouco por essa influência, fiz cursinho e prestei vestibular para Direito, mas nem cheguei a cursar porque senti que não era bem aquilo que eu queria. Mas o que era então? Nem eu sabia. Fiquei um tempo assim, sem estudar, sem trabalhar, sem rumo certo.

Essa situação só mudou quando um amigo, o Jimmy, me fez um desafio: se eu fosse a uma igreja evangélica e saísse de lá da mesma maneira que entrei, poderia ir à casa dele e pegar o que quisesse. Nunca tive exatamente a intenção de ficar com alguma coisa do Jimmy, mas queria ver a cara dele quando eu lhe dissesse: "Fui à tal igreja e estou aqui pra pegar o que você me prometeu".

Não foi isso que aconteceu. Aquela visita de fato transformou minha vida e logo eu estava envolvido com o Ministério Surfistas de Cristo.

Foi nesse período que comecei a trabalhar com evangelismo, que é o que faço até hoje. Veja só, minha vocação era mesmo a de persuasão pela palavra, mas não a minha própria retórica, mas a Palavra de Deus. Entretanto, descobrir isso, sem orientação nenhuma, me custou tempo e algumas cabeçadas.

Eu, Maria Fernanda, cresci na Igreja Presbiteriana em Macaé, RJ. Quando decidi fazer vestibular para Psicologia na UFF em Niterói, a família toda foi contra. Que história era essa de estudar em outra cidade? Eram só duas horas de ônibus, mas para eles era como se eu fosse mudar de país. Lembro-me de que, na época, não foi nada fácil lidar com tal situação.

Normalmente, a escolha profissional é assim mesmo, cercada de dúvidas, ansiedade, pressões dos familiares, amigos, exigências do mercado de trabalho. Nós vivemos isso na pele e sabemos o quanto nos faltou uma orientação dirigida especificamente para essa questão. Desejamos que com você seja diferente!

Sobre o ministério

Oferecer orientação sadia a adolescentes e jovens é hoje um dos focos centrais de nosso ministério. Por isso elaboramos o curso Minha escolha profissional: o que Deus tem a ver com isso?, que pode ser realizado em igrejas e escolas, a fim de nos aproximar desse grupo e oferecer algo que o auxilie nesta fase da vida.

Nesse trabalho, utilizamos uma metodologia participativa, que inclui dinâmicas de grupo, análise de músicas, vídeos, poesia, debates e muita criação artística. Todo o processo tem carga horária de 10 horas, podendo ser realizado em um fim de semana, e a experiência de ministrar esse curso nos forneceu a base para esta publicação.

Além de orientação vocacional, ministramos palestras abordando outras questões que fazem parte do universo juvenil, como sexualidade, relacionamento entre pais e filhos e auto-estima.

Desde 2003, atuamos como missionários em Fortaleza no aconselhamento e acompanhamento de estudantes, num trabalho de capelania escolar e psicologia. Nossa proposta é levar a Palavra de Deus, proporcionando aos alunos momentos de reflexão sobre a vida em todos os seus aspectos, estimulando-os a conhecer mais sobre Jesus e ser agentes de transformação social. Com isso, acreditamos contribuir não apenas para a formação educacional, mas também emocional, social e espiritual dessas vidas.

Visite nossa home page:
www.uol.com.br/bibliaworld/profissao

E-mail:
nandaemagrao@uol.com.br

Vida

Editora Vida,
editora do grupo
Zondervan
HarperCollins

▪

Editora filiada a

Câmara Brasileira do Livro

Associação Brasileira
De Editores Cristãos

Associação Nacional
de Livrarias

Associação Nacional
de Livrarias Evangélicas

Editora Vida
Rua Júlio de Castilhos, 280 Belenzinho
CEP 03059-000 São Paulo, SP
Tel. 0 xx 11 6618-7000
Fax 0 xx 11 6618 7050
www.editoravida.com.br

▪

Todas as citações bíblicas foram extraídas da
Nova Versão Internacional (NVI),
©2001, publicada por Editora Vida,
salvo indicação em contrário.

▪

Coordenação editorial: Rosana Brandão
Edição de texto: Jefferson Jym e Gibson James
Revisão: Isabel Lelis e Denise Avalone
Projeto gráfico e Diagramação: A+ Comunicação
Capa: Alô Valentina

Dados Internacionais de Catalogação na Publicação (CIP)
(Câmera Brasileira do Livro, SP, Brasil)

Ledo, Jeverton

Minha escolha profissional : o que Deus tem a ver com isso? / Jeverton Ledo, e Maria Fernanda Ledo ; ilustração Fábio Sgroi – São Paulo : Editora Vida, 2005.

ISBN 85-7367-805-4

1. Decisões 2. Deus - Vontade 3. Escolha de profissão I. Ledo, Fernando. II. Sgroi, Fábio. III. Título.

04-8569 CDD-261.1

Índice para catálogo sistemático

1. Escolha profissional e vontade de Deus : Cristianismo 261.1